NI MACHO,
NI RATON
SINO
VERDADERO VARON

Por Víctor Richards

Publicado por HLM Producciones, S. A. de C.V.
Melquiades Alanís 5825, Alamos de S. Lorenzo.
Cd. Juárez, Chih., Méx. E-mail: hlm@vinonuevo.net

Registro Público del Derecho de Autor
Número 119477- 96 por Víctor Richards

Todos los derechos reservados. Ninguna parte de esta publicación puede ser reproducida sin el permiso previo del autor.

ISBN 1-885630-39-5   Impreso en México

El ser del sexo masculino es asunto de nacimiento. El ser hombre ¡es asunto de elección!

NI MACHO, NI RATON SINO VERDADERO VARON

Introducción

Antes de leer este libro, usted necesita saber mi perspectiva o punto de vista cultural. Yo me considero mexicano por dentro, aunque hay tres cosas que me dicen que no soy: ¡mi acento, lo que veo en el espejo y mi acta de nacimiento! Sin embargo, mi corazón siente ser mexicano.

Por lo tanto, amo a la cultura mexicana. Pero, como todas las culturas, la cultura hispana tiene sus puntos fuertes y a la vez tiene sus deficiencias. Lo mismo se puede decir de la cultura americana, inglesa, japonesa, etc. Así que yo no critico a ninguna cultura.

Se me hace sumamente interesante leer sobre la historia y conquista de nuestro continente porque nos ayuda a comprender mejor nuestra situación actual. Como usted se da cuenta, la mayoría de los españoles abusaron descaradamente de la mujer indígena y así comenzó el mestizaje.

Muchos sociólogos afirman que la unión desigual del conquistador - los españoles - y la conquistada - las indígenas - produjo hijos considerados socialmente inferiores a su padre y superiores a su madre, estableciendo un patrón de complejos psicológicos que se refleja en el "machismo" que hasta el día de hoy nos perjudica tanto.

Alberto Mottesi, en su libro <u>América 500 Años Después</u> dice, "De nuestras madres aprendimos a temer y a resentir a nuestros padres y de nuestros padres aprendimos a explotar y despreciar a nuestras mujeres y a imitar las 'conquistas' de nuestros padres."

¿Y qué tiene que ver todo esto con nosotros hoy en día? ¡Mucho! Porque desgraciadamente, el machismo sigue siendo el patrón típico en la mayoría de nuestras familias.

Sorprendentemente, el otro lado de la moneda, que es el matriarcado, es consecuencia de y a la vez contribuye al machismo. La mujer, frustrada y aun amargada por su propia relación con el esposo "macho" y sintiendo la necesidad de cubrir sus deficiencias, se convierte en la madre que gobierna y que es el eje familiar.

En vez de esperar el amor y la honra de su esposo, esa madre tiene que recibir su afirmación y afecto de sus hijos varones, a quienes a su vez ella les cría como a seres superiores, destinados a enseñorearse de toda mujer. Y así continua el malsano patrón del machismo.

Sin embargo, en la actualidad Dios está levantando otra clase de familia porque está levantando otra clase de hombres. De esto se trata este libro: el desafiar a los varones a que sean ni machos, ni ratones, sino verdaderos varones de Dios.

Yo digo, ¡gracias a Dios que soy hombre! Espero que cada hombre que está leyendo este libro, pueda decir lo mismo: ¡Gracias a Dios que soy hombre!

Soy feliz por haber nacido varón y no lo digo a manera de compararme con una mujer. Espero que cada una de ellas pueda decir, "¡Gracias a Dios que soy mujer!" pero yo jamás desearía cambiar mi papel por otro. ¡Hay gozo, contentamiento y realización en ser un hombre!

1

UN VERDADERO VARON NO NACE....¡SE HACE!

¿Ha escuchado usted de las siete etapas de un hombre? A los **20 años** él quiere despertarse enamorado. A los **30 años** él quiere despertarse casado. A los **40 años** él quiere despertarse exitoso. A los **50 años** él quiere despertarse rico. A los **60 años** él quiere despertarse realizado. A los **70 años** él quiere despertarse sano. ¡A los **80 años** él quiere despertarse!

En el momento que nace un bebé, se reconoce si ha nacido varón o no. Pero...al llegar a ser adulto, ¡hay una gran diferencia entre poseer las características físicas masculinas y el ser un verdadero hombre!

El ser del sexo masculino es asunto de nacimiento. El ser hombre ¡es asunto de elección! Existe mucha confusión en cuanto a lo que es un verdadero hombre, lo que es la hombría y lo que es masculinidad. ¡El mundo secular no tiene ni siquiera una idea de lo que es!

Nuestra tradición hispana muestra al verdadero hombre como áquel que tiene varias mujeres, todas totalmente sometidas a sus caprichos, ("¡Nomás mis chicharrones truenan!") y que tiene capacidad de no sólo echarse él varios litros de cerveza sino que tiene para compartir con todos los compañeros. El grita fuerte, cuenta chistes colorados y no da cuentas a nadie.

En años recientes salió un libro secular titulado, Iron John (Juan de Hierro) que estuvo en la lista de libros de mejor venta en los Estados Unidos por más de 30 semanas. Fue un libro en el cual el autor pretendía inspirar a los varones a re-capturar su masculinidad. ¿Cómo? Aconsejándoles a salir al bosque los fines de semana y en derredor de una fogata golpear su pecho como un gorila, mientras gritaban sonidos salvajes. ¡Absurdo! ¡Sólo añade al problema de la crisis de hombría!

Mientras la mujer está creciendo en su sentido de identidad y autoconfianza, entre muchos hombres, existe la falta de una imagen clara del papel de un verdadero hombre, y el gozo de ser ese hombre.

Tiempo atrás si una persona tenía cabello largo, llevaba aretes y cargaba una bolsa, era mujer. Pero no es necesariamente así hoy en día. Sin embargo, estos cambios exteriores no son el mayor problema. La falta de una clara comprensión de nuestro papel en la vida es nuestro mayor problema, y éste a su vez ha traído temor, inseguridad, falta de visión, apatía e indiferencia....entre otras cosas. ¡Nos urge enfrentarla!

Yo creo que el lado militante del "movimiento feminista" es en parte una reacción de las muchas mujeres frustradas por la falta de verdadera hombría en tantos varones. Es una reacción al machismo, a los hombres que abusan y a los que no asumen sus responsabilidades.

Entonces...¿en qué consiste la verdadera hombría?

Si un varón ha de alcanzar su máximo potencial, tendrá que entender su destino, su llamado y su propósito en la vida, lo cual debe traerle realización y gozo de ser un hombre. Para comprender todo esto, sólo hay una manera: volver a Dios nuestro Creador.

El inventor de un producto u objeto conoce su propósito y sus habilidades mejor que cualquier otra persona. Si el producto necesita una reparación, lo más sabio es volver con el inventor o fabricante porque no hay nadie que lo conoce mejor que él.

Algunos han llamado a la Biblia "El Manual del Fabricante" porque en ella encontramos todo lo que necesitamos para entender nuestro propósito y destino. A través de este libro usaremos la Biblia como la base de todo conocimiento y sabiduría. A la vez, veremos a Jesús, el Hijo de Dios, como ejemplo perfecto de la hombría al máximo.

2

UN VERDADERO VARON: RECONOCE QUE HA SIDO ESCOGIDO PARA SER LIDER

"Gracias, Hermano Victor, por esos congresos para hombres y por su enseñanza porque cuando cambia el hombre, el hogar entero cambia." Así me dijo una señora llamada Alicia en una ciudad al sur de la República Mexicana.

Alicia continuó, "Por años yo me ví obligada a dar dirección y a tomar decisiones que no me correspondían porque Jaime era un esposo demasiado pasivo. Como no había tenido un buen ejemplo en su propio hogar, él no sabía cuál era el papel del marido cristiano. Y cada vez que escuchábamos un mensaje bíblico sobre el orden en el hogar, yo sufría porque sabía que nuestra familia andaba mal. Pero a raíz de esa enseñaza sobre el liderazgo varonil, ¡nuestro hogar es otro!"

La Biblia Establece el liderazgo del hombre desde el Principio

l. El hombre fue creado primero.

Y esto no es ninguna coincidencia. Después fue formada la mujer. Y como si Dios quisiera subrayar esta verdad, se repite en el Nuevo Testamento:

"Porque Adán fue formado primero, después Eva."
I Tim. 2:13

2. El hombre fue quien le puso nombre a la mujer
El hecho que Adán le dio nombre a Eva...un privilegio reservado para los con autoridad en el Antiguo Testamento...indica su autoridad sobre ella." *Tampoco el varón fue creado por causa de la mujer, sino la mujer por causa del varón."* I Co. 11:9

3. El hombre fue a quien Dios primero confrontó después del primer pecado.
¡Interesante! Aunque Eva fue la que pecó primero e indujo a Adán a pecar, Dios NO confrontó primero a Eva sino a Adán. ¡Tener liderazgo implica tomar responsabilidad!

¿Significa esto que el hombre de alguna manera tiene mayor valor que la mujer? ¡De ninguna manera! Necesitamos distinguir entre VALOR y FUNCION. La Escritura es muy clara en que nuestro valor como seres humanos, hombres y mujeres, se deriva del hecho de que fuimos creados a la imagen de Dios. ¡Ambos!
El varón y la mujer son absolutamente iguales en cuanto a valor delante de Dios. Pero igualdad no significa que seamos idénticos. Tenemos diferentes funciones tal como Dios, el Padre, el Hijo y el Espíritu Santo tienen diferentes funciones, sin embargo, los tres son Dios.

En el plan perfecto de Dios, el hombre fue creado para ser líder y la mujer su apoyo. Sin embargo, desde que entró el pecado en el mundo, ni el hombre ni la mujer han entendido este plan perfecto, causando que el hombre abuse del liderazgo o renuncie a él, y que la mujer, o por rebelión o por obligación, "se ponga los pantalones".

Veamos ahora las funciones del hombre como líder.

3

EL VERDADERO VARON: GUIA, GUARDA Y GOBIERNA

En su libro El Varón y su Temperamento, el destacado Dr. LaHaye dice: "Todos los hombres poseen tendencias al liderazgo, algunos en mayor medida que otros, pero todo hombre tiene tanto la capacidad como el deseo de ser líder. Personalmente estoy convencido de que se trata de una necesidad en todo hombre que, si no logra realizarse como líder, cuando menos en el hogar, lo deja con un sentido de frustración."

El liderazgo del hombre se puede describir con tres palabras: GUIAR, GUARDAR Y GOBERNAR. Necesitamos tener una brújula para saber qué es lo que Dios, nuestras esposas e hijos y la sociedad esperan de nosotros. Esta brújula es guiar, guardar y gobernar. Tres palabras que nos hablan de liderazgo.

Un verdadero hombre **guía.** El tendrá visión, visión por algo más grande de lo que ha alcanzado, algo en el futuro, algo a lo cual entregarse, un sentido de destino para sí mismo y para los cuales él es responsable.

El hombre guiará a los que ama hacia ese destino. Lo hará en los asuntos de relaciones personales, la formación de carácter, lo espiritual, la integridad, justicia, humildad y valores eternos, sin dar demasiado énfasis en cosas materiales que sí son importantes, pero no lo más importante.

El verdadero hombre **guarda:** a su esposa, sus hijos y a otros por los cuales él es responsable. El confrontará a los Goliat que vienen en su contra y lo hará aun si no le hace "popular". Su gozo se encuentra en proteger a los que necesitan de su autoridad y fuerza.

El guardará de maldad a los que debe proteger. Los guardará de los ataques espirituales, emocionales, físicos, económicos, sociales, etc. Lo hará porque es un varón digno de ser llamado hombre.

El verdadero hombre **gobierna.** Sí, tenemos la responsabilidad de gobernar si somos hombres. Nuestras familias necesitan de nuestro involucramiento en sus vidas y sus problemas. El esposo y padre debe ayudar a su familia a vivir en paz y contentamiento, trayendo justas decisiones a sus desacuerdos. El será la amorosa autoridad que no permite desintegración en sus relaciones.

El gobierna con amor y equidad. No muestra favoritismo, ni tiene un hijo mimado. De esta manera él enseña a sus hijos y a otros bajo su autoridad el valor de la justicia y también el gozo de convivir en paz y consideración para con los demás.

4

EL VERDADERO VARON: CABEZA DE SU HOGAR

Hace muy pocos años yo leí en el periódico: "Suiza cambia sus leyes matrimoniales, decidiendo terminar con el patrón que el hombre sea la cabeza indiscutible del hogar". Después de milenios de tradición, los suizos han decidido que hay "una manera mejor".

Y la realidad es que ellos no son los únicos. En congresos a nivel mundial, en libros, en escuelas, etc. se ha estado comunicando que la sumisión de las esposas a sus maridos es un concepto anticuado y ¡aun anárquico! al grado que grupos radicales feministas insisten que el liderazgo del hombre en el hogar es "la raíz de todos los males de la sociedad."

Pero, ni el hecho de que existen hombres innumerables que hacen mal uso de su papel de "cabeza", ni una nueva legislación gubernamental, podrá cambiar el plan perfecto de Dios, ni las consecuencias de no seguirlo. Pero ¿cuál es ese plan perfecto de Dios?

Porque el marido es cabeza de la mujer, así como Cristo es cabeza de la iglesia". Ef. 5:23

"Pero quiero que sepáis que Cristo es la cabeza de todo varón, y el varón es la cabeza de la mujer, y Dios la cabeza de Cristo". I Co. 11:3

Aunque para algunas personas, la enseñanza de estas Escrituras se considera "anticuada" en la actualidad, el liderazgo varonil es parte del plan original de Dios. No es el resultado de la caída, ni del pecado ni de la cultura. ¡Es el diseño original del Creador!

El liderazgo del hombre: No por superioridad sino por elección.

¡Imagine qué confusión ocurriría en un equipo de futbol si nadie supiera cuál es su responsabilidad! ¿Quién sería el portero? ¿O habría tres o cuatro porteros? Esta misma confusión y frustración existe en muchos hogares porque no conocen o no aceptan ese bien definido papel del hombre y de la mujer.

En cualquier equipo tiene que haber un jefe o un capitán para que haya orden. ¡Un cuerpo con dos cabezas es un monstruo! Y en un hogar donde hay "una lucha de voluntades" para ver quién manda, habrá contenciones, pleitos y desintegración. Todos sufrirán.

La autoridad ha sido delegada al hombre, no porque él es superior, sino simplemente porque Dios así lo quiso. Y cuando usted y yo, como hombres, no asumimos el liderazgo que Dios nos ha delegado, estamos fallando....a nuestro Creador, a nuestras familias y a nosotros mismos. ¡Y esta falla ha traído caos a nuestro mundo!

Habrá resistencia, sin duda, a lo que Dios ha establecido. Es más ¿sabía usted que existen estudiantes del hebreo que creen que Génesis 3:16, donde Dios dice a la mujer, "y tu deseo será para tu marido..." debe ser traducido, "Y tu deseo será dominar a tu marido"? Cuando una mujer domina en el hogar produce maridos irresponsables, esposas frustradas, hijos anormales.

¿Cómo podemos confrontar tal situación? En la mayoría de los casos, si el hombre tomara **amorosamente** su papel de liderazgo en el hogar, el problema podría resolverse. Pero requiere tiempo y paciencia. No sucederá de la noche a la mañana.

Tengo que aclarar que ser cabeza de ninguna manera significa que el hombre domina a la mujer. El libro de Génesis dice que ella fue creada para ser "ayuda idónea". Lo triste es que muchos hombres tienen miedo - por su propia inseguridad - de permitir a sus esposas ser esa ayuda idónea. En realidad es una tontería NO utilizar los talentos y habilidades de su esposa.

Por años yo estuve animando a mi esposa Gloria, a desarrollar sus talentos, a enseñar a adultos y a participar más en el ministerio. Ella siempre me apoyaba y enseñaba niños pero por su propia inseguridad y timidez, sentía que no podía hacer más. Sin embargo, poco a poco ella ha ido superando sus complejos y ahora yo me regocijo en todo lo que ella hace.

Además de ser una buena maestra de clases bíblicas en la congregación, ella es una excelente autora de libros y estudios para mujeres. No sólo esto, me ayuda a mí con todos los materiales que producimos.

Yo sería un hombre tonto al no animar y aprovechar lo mucho que mi esposa tiene que dar.

Tengo un amigo llamado Juan con un gran ministerio que impacta a multitudes y él dice que su secreto fue casarse con una mujer inteligente y luego permitir a ella ayudarle. Elizabeth, la esposa de Juan, sí es inteligente y ¡definitivamente es su ayuda idónea!

Ser cabeza no implica ser dictador. No implica que él hace todas las decisiones sin considerar a su esposa y aun a sus hijos. Muchos hombres quieren ser el rey del hogar ¡sin hacer de su esposa la reina! Se les olvida que es la reina y sus hijos que en verdad le harán a él, el rey.

HOMBRES DEBILES

Algunas personas nacieron para gobernar y para dirigir, es decir, tienen habilidad nata y no les cuesta trabajo. Para otras personas, les es difícil y procuran evitarlo. Hay muchas situaciones en la vida en que uno puede elegir, si quiere, estar en una posición de liderazgo o no, por ejemplo, en la política o en el trabajo.

Sin embargo, si usted, hombre, es un esposo o padre, usted está destinado a gobernar y dirigir, ¡le agrade o no! Su familia pagará las terribles consecuencias si no hay autoridad y orden, basado en el amor, en su casa.

Por lo general, el hombre débil de carácter se casa con una mujer fuerte y dominante. Como a él no le gusta hacer decisiones, durante el noviazgo el carácter fuerte de ella le atrae, pero ya casados él encuentra que tiene una lucha para tomar la autoridad en su hogar. Se cansa de los continuos pleitos para afirmar su autoridad, y encuentra más fácil soltar las riendas del liderazgo a ella. Cuando el varón se siente inseguro e incapaz de tomar su papel de líder en el hogar, el resultado es que se reafirma la mentira de que lo familiar y lo espiritual es asunto de mujeres. Este es su "escape" de la vergüenza de no ser la cabeza de su hogar. Y el círculo vicioso continúa en los hijos.

Otra vez quiero citar lo que dice el Dr. LaHaye en el libro ya mencionado: "Los hombres más frustrados que conozco son aquellos cuyo temperamento naturalmente pasivo sufre el dominio de una esposa más agresiva. Los hogares donde se da esta situación ¡no pueden ser felices! Nunca he conocido un esposo dominado que sea feliz; tampoco he conocido una mujer dominante que sea feliz. Puedo garantizar que en su frustración, el hombre dominado se dedicará a hacerle la vida miserable a su esposa. Una meta que debe proponerse toda mujer que ama a su esposo es la de ayudarlo a que cumpla esa necesidad inconsciente que tiene de ser él quien dirige el hogar."

HOMBRES INFANTILES

Es la cosa más bella del mundo ver a los bebés y niños. Gloria y yo disfrutamos de esta etapa en la vida de nuestros tres hijos. Pero cuando uno llega a ser hombre y sigue actuando como niño, es una desgracia, una vergüenza y llevará consecuencias trágicas.

Hace poco tuve el privilegio de escuchar al gran maestro y autor, Edwin Cole, compartir a un grupo de hombres, las siguientes siete características de los niños:

1. Es el centro de su propio mundo.
2. Es insensible a otras necesidades en el hogar.
3. Demanda que se hagan las cosas a su manera.
4. Hará un berrinche si no se le atiende.
5. No se puede razonar con él.
6. Es irresponsable en su comportamiento.
7. Sólo se sujeta a autoridad concreta. (en los adultos se refiere a autoridad forzada como la cárcel.)

Luego el Dr. Cole continuó, "Muchas esposas me han dicho: '¡Mi marido tiene cada una de estas siete características!' Y ¿qué sucede en un matrimonio cuando un esposo actúa como un niño inmaduro? ¡Obliga a su señora a actuar como su madre! Y ¿qué hace una madre? ¡Ella hace decisiones y corrige! ¡Además, nadie hace el amor con su madre!"

Es por eso que tantas veces, cansado de la esposa-madre, el marido comete adulterio o se divorcia y se vuelve a casar. Pero si él no cambia, lo más seguro es que tarde o temprano, la nueva esposa se convertirá en "madre."

Cuando yo me casé, yo no quería otra madre. ¡Ya tenía una madre, y no necesitaba otra! Yo quería que Gloria fuera mi esposa, mi amiga, mi amante. Y para que ella me respetara como hombre, yo no podía actuar como un niño. Recuerde: ¡ser hombre es mucho más que haber cumplido los 18 años y ser del sexo masculino!

Seguramente es un gran privilegio ser un verdadero hombre y líder, pero a la vez ¡qué responsabilidad! Aun digo ¡Gracias a Dios que soy hombre!

Veamos a continuación algunas características de un líder.

5

UN VERDADERO VARON: UNA PERSONA BAJO AUTORIDAD Y CON ESPIRITU DE SIERVO

UNA PERSONA BAJO AUTORIDAD

¿Recuerde usted el caso en la vida de Jesús cuando un centurión romano le pidió que sanara A uno de sus siervos? Jesús respondió, *"Iré a tu casa y le sanaré,"* pero este militar dijo: *Señor, no es necesario porque <u>yo también soy un hombre bajo autoridad.</u> Yo ordeno a mis soldados y obedecen. Di la palabra y será sano."* ¡Este oficial militar reconocía el poder de estar bajo autoridad!

Una razón por la cual existe tanta mujer frustrada y aun rebelde, es porque hay tantos hombres rebeldes. Es decir, muchos hombres dicen a sus esposas, "Sométete mujer", pero él no se somete a nadie, incluyendo a Dios. Y muchas veces se jacta de que él no hace caso a nadie.

Todavía recuerdo a un capitán de la policia rural de la sierra de Chihuahua. El me llamaba su cuñado porque su esposa, Magdalena, se convirtió a Cristo y nos frecuentaba. Pero ¡cómo sufrió esta pobre mujer! porque él era uno de esos machos que "nada más sus chicharrones truenan." Al llegar él a casa a la medianoche o la una de la mañana, con unos de sus amigos, Magdalena tenía que levantarse y prepararles cena. Él quería que su esposa se sujetara en todo; sin embargo, él no se sujetaba a nadie, incluyendo a Dios.

Y ¿qué es lo que pasa en estas situaciones? Cuando la esposa e hijos ven esa rebelión en cuanto a Dios, la autoridad de su iglesia (pastor y otros), su jefe, su gobierno, etc., ellos se contaminan y no sólo se rebelan contra las mismas autoridades, sino contra la autoridad de él también. ¿Por qué? Porque la persona que no está bajo autoridad no tendrá autoridad, no podrá gobernar con efectividad.

Nos gusta citar la Escritura, "Porque el hombre es cabeza de la mujer", pero se nos olvida leer la primera parte: ¡Cristo es la cabeza del hombre!

Hágase esta pregunta, ¿Estoy bajo la autoridad de Cristo? Como hombre, yo tengo que volver a lo que Dios me dice que son MIS responsabilidades. ¿Me someto yo a las autoridades en mi vida?

TIENE CORAZON DE SIERVO

Los "machistas" gritan a su señora, "Sírveme". Y aprendiendo el ejemplo del padre, el hijo varón crece con la misma mentalidad de que sus hermanas y su madre existen para servirle a él.

En el mundo, un líder generalmente es el que da órdenes y que se enseñorea sobre la gente. Pero Cristo, nuestro ejemplo, dijo que no es así en su Reino. El pudo lavar los pies de sus discípulos porque El era un hombre seguro de sí mismo y porque su primera preocupación no era su propia vida, sino suplir las necesidades de sus seguidores.

DIFERENCIAS ENTRE EL JEFE Y EL LÍDER

1. El jefe ordena: "Aquí mando yo"; El líder no tiene que decirlo, se sabe.

2. El jefe inspira miedo, se le teme; el líder inspira confianza, inyecta entusiasmo.

3. El jefe sabe cómo se hacen las cosas; el líder enseña cómo deben hacerse.

4. El jefe maneja a la gente con dureza; el líder la prepara y la guía con consideración.

5. El jefe busca llegar tarde y salir temprano; el líder trabaja más que todos.

6

UN VERDADERO HOMBRE: ASUME RESPONSABILIDAD

Todos los días en camino a mi oficina veo a mujeres con niños, pidiendo limosna en la calle. Y pienso, ¿dónde está el padre de estos niños? ¿Dónde está el macho que se acostó con aquella mujer para que diera a luz este hijo? Y digo "macho" en vez de hombre, porque un verdadero hombre asume la responsabilidad de sus acciones.

La madurez no viene con los años, sino cuando aceptamos responsabilidades. Por eso, algunos hombres son inmaduros a los 57 años de edad mientras que otros son maduros a los 17 años.

ASUME LA RESPONSABILIDAD DE PROVEER

¿Cuál es la meta más alta de algunos hombres? ¡Trabajar lo menos posible y ganar lo más posible! La razón es porque tenemos una actitud equivocada en cuanto al trabajo. Muchas veces lo consideramos un mal necesario, hasta una maldición, y definitivamente no una bendición.

Por esta misma razón las personas anhelan ganar la lotería, ¡así jamás tendrían que trabajar! Miles de los que sueñan con trabajar para el gobierno, lo hacen, no con el deseo de servir bien a sus compatriotas, sino porque de esta manera trabajarían lo mínimo para recibir un buen sueldo. ¡Qué desgracia!

Para un verdadero hombre, el proveer para su familia debe ser no sólo una responsabilidad sino un privilegio y un gozo, porque de esta manera, está cumpliendo con parte de su papel de hombre. *"...porque si alguno no provee para los suyos, y mayormente para los de su casa, ha negado la fe, y es peor que un incrédulo"*. I Timoteo 5:8

Desafortunadamente, vivimos en un mundo donde las cosas están lejos de lo ideal y donde existe tanto desempleo en las ciudades que muchos hombres batallan para conseguir buen trabajo. En tiempos de crisis, es necesario aceptar cualquier trabajo que haya y no necesariamente de nuestra rama.

ASUME LA RESPONSABILIDAD DE PROTEGER

"Estimado Hermano Victor: Le ruego que me dé un consejo en cuanto a esta situación que se ha tornado inaguantable. Vino el hermano de mi esposo a 'pasar unos días' con nosotros, pero esos 'días' se han convertido en meses y su presencia en la casa está causando conflictos y pleitos entre todos nosotros. Mi vida ha llegado a ser un infierno; sin embargo, mi esposo insiste en que él no puede hacer nada porque a fin de cuentas, es su hermano."

¡Cuántas cartas como ésta he recibido a través de los años! Como ya mencionamos brevemente, otra responsabilidad que Dios ha designado al hombre es la de proteger y guardar a su familia, dándole el lugar que merece.

Posiblemente usted esté pensando, "Yo protejo a mi esposa e hijos. Estoy dispuesto a morir por ellos si alguien entrara a mi casa para hacerles daño." Pero ¿qué de proteger a su señora de familiares aprovechados? Por hacerlo ganará el respeto de su esposa e hijos, cosa que vale mucho más que sólo "quedar bien" con un pariente insensible e irresponsable.

Existen casos de abuso verbal o emocional de parte de hijos grandes desobligados, de hijos de un primer matrimonio o aun de vecinos. Un verdadero líder en su casa asume la responsabilidad de enfrentar y solucionar tal problema. Requiere valentía pero un verdadero hombre es eso: ¡valiente!

7

EL VERDADERO HOMBRE: FUERTE PERO NO DURO

Poco tiempo después de la guerra del Golfo Pérsico y la impresionante victoria de los Estados Unidos sobre Iraq, entrevistaron en televisión nacional al gran héroe, el General Norman Schwarzkopf. Durante la entrevista con la famosa locutora, Barbara Walters, algo tocó las emociones de este gran hombre. Millones de personas vimos con interés mientras las lágrimas se formaron en sus ojos.

Con la franqueza típica de la Srta. Walters, le preguntó, "General, ¿no tiene miedo de llorar?"

El General Schwarzkopf, comandante de todas las fuerzas aliadas del Golfo Pérsico, respondió sin titubear, "No, Barbara, ¡yo tengo miedo de los hombres que NO lloran!"

En este momento, todo el país estaba observando el corazón de un gran guerrero. ¡Un guerrero tierno! ¡Esto es verdadera hombría!

Alguien comparó al hombre ideal con "un ladrillo cubierto con terciopelo", es decir, fuerte pero con ternura, un hombre que gobierna con amor, no pavor; con firmeza, no dureza. La persona obstinada y rebelde confrontará la fuerza de ese hombre ideal, pero los que se cobijan bajo su protección, encontrarán ternura.

Mi abuelo, por parte de mi padre, era un hombre

sumamente duro, y perjudicó a mi padre toda su vida. Mi papá contaba de una vez cuando niño, él se cayó de un árbol y se le quebró un brazo. Pero antes de llevarle al médico, mi abuelo le dio un fuertísmo regaño por haberse caído.

Sin duda, la dureza de mi abuelo influyó grandemente en que mi padre fuera un hombre duro también, especialmente con mi madre. Pero no tiene que ser así. ¡Cristo hace la diferencia!

Hace poco tuve el privilegio de conocer a Joe Onesai, otro "guerrero tierno". En la competencia mundial de fuerza, Joe ha sido juzgado el cuarto hombre más fuerte del mundo. El vive en Hawaii, en la isla de Samoa, y durante las competencias, él levanta carros y cosas por el estilo. La medida de la cintura del hombre medio es de 90 centímetros, mientras <u>los muslos</u> de Joe son de 92 centímetros. ¡Qué hombre tan fuerte!

Sin embargo, este gigantesco hombre es uno de los más tiernos y compasivos que he conocido. Ama a Dios de todo su corazón y habla con niños y ancianos, mostrando verdadero interés en la gente común.

Otra cualidad de Joe Onesai es que en vez de creer que cada aventura sexual es otro "trofeo", como suele suceder en nuestra sociedad latina, él da conferencias a jóvenes en las escuelas sobre la virtud de la abstinencia hasta el matrimonio.

El hombre ideal es un guerrero tierno porque tiene la fuerza de carácter de un guerrero, pero debajo de su escudo existe una compasión y ternura. Y como el

General Schwarzkopf y Joe Onesai, no se avergüenza de expresar sus sentimientos.

UN HOMBRE FUERTE Y LAS CONFRONTACIONES

Un cobarde huye de los problemas; un hombre con carácter los confronta. Es mucho más fácil quedarse en la oficina o "ir con los amigos" cuando el director de la escuela manda un citatorio a la casa, para que así la madre tenga que presentarse sola en la escuela y enfrentar los problemas de "Juanito".

Ser líder del hogar no es tan sólo tener un sillón de cuero en el cual "se sienta papá" a dar órdenes y asignar trabajos a los miembros de la familia. El padre tiene que buscar soluciones a los problemas que tenga cada miembro de su familia, no evadirlos esperando que otro lo haga. En hacerlo, se realizará una área de su liderazgo y resultará en el gozo de ser hombre.

8

EL VERDADERO VARON TIENE CONFIANZA EN SU DIOS Y EN SI MISMO

Muchos no logran en la vida lo que deberían porque tienen una baja autoestima. Lo que una persona piensa de su origen tiene gran impacto sobre lo que piensa de sí mismo. Y para saber nuestro origen, hay que volver al mero principio.

La Biblia empieza: "En el principio...." y en ella leemos, "*Entonces el Señor Dios formó al hombre del polvo de la tierra, y sopló en su nariz aliento de vida, y fue el hombre un ser viviente...Y creó Dios al hombre a su imagen, a imagen de Dios lo creó; varon y hembra los creó.*" Génesis 2:7; 1:27

El hombre no es producto de la casualidad, él fue creado a la imagen y semejanza de Dios. El fue creado para soñar, para escalar montañas, para descubrir nuevos horizontes, para ser creativo, para volar como las águilas. El no fue creado para ser conformista y ¡mucho menos para vivir como un gusano rastrero!

Cuando el hombre reconoce que él es el producto del Artesano Divino, comenzará a tener respeto por sí mismo y podrá desarrollarse a su máximo potencial. Tendrá la habilidad para hacer decisiones difíciles, de vivir encima de la derrota de "la manada".

Fuimos creados con gran capacidad intelectual, emocional y social. "*Le hiciste señorear sobre las obras de tus manos; todo lo pusiste debajo de sus pies.*" Salmo 8:6

VISIONES, SUEÑOS Y METAS

Si su sueño es tan pequeño que no requiere la intervención de Dios para realizarlo, su sueño es demasiado pequeño.

Tener visión y metas es la marca de un hombre de éxito. El destacado líder, Dr. David Cho de Corea, dice, "Dime tu visión y te diré tu futuro."

El hombre es movido y encaminado en relación a sus metas, sean éstas expresadas o inconscientes. Charles Swindoll menciona en su libro Cómo Vivir Sobre el Nivel de la Mediocridad, que "quien tiene una visión, manifiesta siempre una actitud positiva y se resiste a darse por vencido por los contratiempos. Más bien dice: Señor, este problema es otra oportunidad para que manifiestes tu poder."

Quien tiene una visión de Dios es capaz de ver más allá de las limitaciones de la mayoría. En otras palabras, tener visión es la capacidad de ver la vida con la perspectiva ilimitada de Dios.

Sea usted un hombre de negocios, un profesionista o un obrero, ¡usted fue hecho para progresar en la vida! El impulso al progreso es una gracia que Dios ha puesto en todo varón porque Dios es creativo y es un Dios de progreso.

9

EL VARON Y SU DIOS

En mi hogar, yo no tuve la dicha de tener el modelo de un padre cristiano. Durante todos mis años de formación, recuerdo a mi padre peleando injustamente con mi madre, especialmente cuando se trataba de asuntos espirituales. El la llamaba "fanática" porque insistía en llevarme a mí y a mis dos hermanos a la iglesia cada semana. (Gracias a Dios, más tarde en su vida, se entregó a Cristo.)

Sin embargo a pesar de la falta de ese modelo de un hombre que reflejaba la vida de Jesucristo, yo sabía por las enseñanzas bíblicas que yo podía ser diferente, que yo podía ser un hombre según Dios y no según el patrón que había visto en mi hogar. Yo decidí que mi matrimonio y mi familia serían diferentes. Y por la gracia de Dios, ¡han sido diferentes!

Su vida puede ser diferente a la de sus padres también. Dios le creó con el própósito definido de tener íntima comunión con El para gozarse en su presencia y para ser un adorador en espíritu y en verdad. También lo creó para ser su agente o representante aquí en la tierra.

Dentro de cada hombre encontramos dos naturalezas opuestas. Por un lado, el hombre fue creado a imagen y semejanza de Dios. Por otro lado, es heredero de una naturaleza de pecado, porque somos herederos de Adán, el primer hombre que pecó. La tendencia del mal está dentro de cada uno de nosotros.

Cuando Dios confrontó a Adán después de que había comido del fruto prohibido, ¿cómo respondió éste? Le echó la culpa a Eva, diciendo, *"Pero la mujer que me diste por compañera me dio del árbol, y yo comí"*. Y desde entonces, el hombre se justifica, echándole la culpa a sus padres, a la esposa, a su medio ambiente, a su falta de educación, al gobierno, etc.

Pero mientras le echamos la culpa a otros, no vamos a cambiar y no vamos a disfrutar al máximo a Dios. Un verdadero hombre acepta la responsabilidad de su pecado y su necesidad de arrepentirse (cambiar).

Dios está buscando hombres que le amen, le sigan y le sirvan de todo corazón. No estoy hablando de los ritos de una religión. Estoy hablando de una relación íntima y personal con Cristo, el Hijo de Dios. Jesucristo dijo que el primer mandamiento es esto: *"Amarás al Señor tu Dios con todo tu corazón, y con toda tu alma, con toda tu mente, y con todas tus fuerzas."* (Marcos 12:30) Este amor TOTAL para nuestro Dios es de verdaderos hombres.

10

HE AQUI, EL HOMBRE

Jesús vivió sobre esta tierra por 33 años y es el máximo ejemplo de lo que es "un verdadero hombre."

Los artistas, pintores, escritores y otros a través de los siglos, han hecho un gran daño pintando a Jesús como un ser débil, sin emoción, místico y hasta afeminado. ¡Pero Jesús no fue así de manera alguna! ¡El fue el más varonil de los hombres!

Aun físicamente ha de haber sido un hombre de muy buena condición, rudo y fuerte, tomando en cuenta su carrera de carpintero y el hecho que viajaba a pie largas trayectorias.

Su misma presencia imponía dondequiera que iba, lo cual atraía a la gente hacía El. Es cierto que la gente buscaba milagros, pero ésa no era la única razón por la que lo seguían. Pasaban horas escuchándole, buscando cómo acercarse a este Hombre lleno de autoridad, de cuya boca fluían palabras de vida, consuelo, esperanza y corrección.

La gente desesperadamente buscaba un líder a quien pudieran seguir, respetar y admirar. ¡Y Jesús, el Hombre real, suplió esa necesidad!

El fue un guerrero tierno, un hombre fuerte pero no duro. Delante de una viuda o un enfermo, El era tierno y compasivo. Frente a los hipócritas, mostró ardiente enojo con indignación santa, llamándoles "sepulcros blanqueados" y "serpientes" porque sólo querían impresionar a la gente.

Al confrontar a la gente religiosa que se autojustificaba, El no mostró misericordia. Pero con la mujer descubierta en adulterio, Jesús dijo, "Al que esté sin pecado, arroje la primera piedra." A ella la perdonó, diciéndole, "Vete y no peques más". A los "chuecos" cambistas de monedas que compraban y vendían en el templo, Jesús aventó sus mesas de monedas, agarró un látigo y les corrió. ¡No tuvo miedo de una confrontación cuando era necesaria!

¡Es evidente que su presencia imponía! En todos estos casos donde Jesús tomaba la autoridad, sus críticos, aunque bien frustrados e indignados, jamás se atrevieron a desafiar su autoridad. Por mucho que lo menospreciaban o aun odiaban, había en El un "algo" que imponía.

Aun en su hora más negra, después de ser maltratado y abofeteado vilmente, Pilato, el gobernador romano, anunció al mundo a la hora de su juicio, **"he aquí el hombre".** (Juan 19:5)

Sócrates enseñó por 40 años, Platón por 50, Aristóteles por 40 años y Jesús por tan sólo tres años. Sin embargo, la influencia del ministerio de Cristo trasciende infinitamente al impacto dejado por los 130 años combinados de enseñanza de estos hombres, los más grandes filósofos de la historia.

Jesús no pintó ningún cuadro, pero algunas de las mejores pinturas de Miguel Angel y Leonardo Da Vinci recibieron su inspiración de El. Jesús no escribió poesía, pero Dante, Milton y muchos de los mejores poetas del mundo fueron inspirados por El. Jesús no compuso música, mas Handel, Beethoven, Bach y otros, alcanzaron la más alta perfección de melodía en la música que compusieron para Su alabanza.

Cada esfera de grandeza humana ha sido enriquecida por "el humilde Carpintero de Nazaret". Nuestro calendario se rige por su venida, nuestros días festivos principales son a causa de su presencia. Aun aquellos que niegan su divinidad, reconocen que fue uno de los más grandes Maestros de todos los tiempos.

Para algunas personas, Jesús es solamente un personaje histórico, tal vez un gran Maestro; pero El es más: El es el Hijo de Dios y el Salvador del mundo. Sin embargo, para que El sea **su** Salvador, usted tiene que recibirle en forma personal. No importa cuánta fe hayan tenido sus padres, de nada vale si usted no recibe personalmente a Cristo, porque Dios no tiene nietos, sólo hijos.

Si no lo ha hecho antes, ore en este momento e invite a Jesús a entrar en su vida y ser su Salvador y Señor. Entonces, permita que El tenga señorío total de su vida. ¡Sea usted un verdadero varón en Cristo!

LA VERDADERA AVENTURA

(Estuche de 4 cass)
Disponible también
en formato CD

¿Necesita un nuevo reto para su vida? Viva su vida en Dios al máximo. Conozca a través de estos mensajes principios que Dios ha dado para que pueda vivir...
LA VERDADERA AVENTURA.

LA BENDICION DE VIVIR BAJO AUTORIDAD

(Est. de 4 cass)
Disponible también
en formato DVD, CD y VHS

Vivir bajo autoridad abre las ventanas de bendición sobre nuestras vidas. Descubra en estos mensajes, principios claves que le revelarán la bendición que Dios desea derramar sobre usted al vivir bajo autoridad.

CONSIGA TODOS LOS LIBROS

CRECIMIENTO

- 7 Cosas que Jamás Aceptaré
- El Dominio del Creyente
- Cómo Romper la Maldición de la Pobreza
- Poder en tu Boca
- Usted puede Ganar en la Vida
- Rompiendo Ataduras
- Cambia tu Vida a Través del Gozo
- 11 Mitos Mortales Vs. La Verdad
- Libre de Temor
- Satanás Casi Destruyó mi Vida
- María: Una vida ejemplar
- Tú puedes ser libre de ataduras sexuales
- La Importancia del Perdón
- Cómo Experimentar la Presencia de Dios
- La Nueva Era del Ocultismo
- Apocalipsis y el Nuevo Milenio
- Jesús de Nazaret
- La Persona que Dios Usa
- Tu Puedes ser Sobreabundantemente bendecido
- Mujeres Bíblicas #1
- Mujeres Bíblicas # 2
- Conociendo a Dios
- Verdades que Transforman
- Respuestas Bíblicas a 10 Preguntas Actuales
- Más que Vencedores
- Fundamentos para una vida de éxito
- Experimenta la Presencia de Dios a Través del Tabernáculo
- El Asombroso e Inagotable *Amor de Dios*
- Tú puedes ser sanado
- Como criar a un hijo adolescente ¡sin volverse loca!
- *Como enfrentar las Adversidades de la vida
- *Alcanzando Grandeza bajo autoridad
- *Por qué no soy como tú?
- *Viendo el amor de Dios en el libro de Exodo

Libros Nuevos

PARA MUJERES

- De Mujer a Mujer
- La Mujer de Excelencia (Curso y Bolsillo)
- La Mujer Verdaderamente Libre
- Tú puedes ser feliz, con o sin un hombre *(Ampliado y Actualizado)*.
- De repente ¡Me quede Sola!
- ¡Auxilio! Me pidió el divorcio
- El Perfil de una Mujer de Dios
- ¿Quién Puede entender a los Hombres?
- La Verdadera Belleza
- 10 Errores que Cometen las Mujeres
- 8 Tipos de Madre
- Proverbios y la Mujer Moderna
- La Mujer y sus Emociones
- Situaciones Dif. que enfrentan las mujeres No. 1
- Situaciones Dif. que enfrentan las mujeres No. 2
- El Deleite y el Dolor de ser Esposa de Pastor
- Disfruta donde estás mientras caminas a donde vas. (Vive en gozo)
- *De Profesión: Mamá...

PARA MATRIMONIOS

- 14 Reglas para un Conflicto Matrimonial
- Amistad e Intimidad
- Matrimonio al Máximo
- 10 Mandamientos para el Matrimonio
- Curso de Matrimonios
- Fundamentos para un matrimonio de Éxito

PARA LA FAMILIA

- Sus Hijos, Barro en sus Manos
- La Familia Feliz
- Cuando Los Hijos se Rebelan
- 10 Errores que cometen padres de niños
- El Plan de Dios para la Familia

AVIVAMIENTO

- Sorprendido por el Espíritu
- Una Aventura que Vivir
- Maravillas, Prodigios y Señales
- Avivamientos de sanidad # 1
- Avivamientos de sanidad # 2

PARA PEDIDOS VER CONTRAPORTADA

LIBROS

ORACION
- Orando para Lograr Resultados
- El Secreto para Cambiar su Familia
- Cuando una Mujer Ora por sus Hijos
- Poseyendo la Tierra
- Cuando la Mujer Ora
- Intercesión: La Bomba Nuclear de Dios

PARA JOVENES
- El Joven y su Sexualidad
- ¡Sexo, Vale la Pena Esperar!
- Novela Crystal
- Sabiduría para encontrar tu pareja y dirigir tu noviazgo

UNA VIDA RADICAL
Biografía de Víctor y Gloria Richards

PARA HOMBRES
- ¡Este Hombre sí Supo!
- El hombre, hijo, esposo, padre y amigo
- Ni macho ni ratón, sino verdadero varón
- Hombro con Hombro
- De Padre a Padre
- Faldas, Finanza y Fama
- Dios, el Dinero y tú
- 5 Prácticas de las personas que triunfan
- Una actitud que abre puertas
- Hombres en Llamas

*Serie "Saliendo de la Cueva"
- #1 Venciendo la Aflicción y la Depresión
- #2 Venciendo la Carga de las Deudas
- #3 Venciendo la Amargura y el Dolor

Nuevo Material

OTROS MATERIALES

VIDEO-LECCIONES
(Incluye manual) VHS y DVD
- Apocalipsis y el nuevo milenio
- La Nueva Era del Ocultismo
- El Verdadero Sexo Seguro (No manual)
- **Desenmascarando a Da Vinci**

VIDEOS Y DVD PARA MATRIMONIOS
- Disfrutando las diferencias
- 10 Mandamientos para el Matrimonio
- 10 Mandamientos para la Familia
- **Matrimonio Maravilloso en el Espíritu**

AUDIO CASETES DE MUSICA
(Para niños)
- Cantando la Palabra
- Venciendo el Miedo-*Vaquero Vázquez*
- El Baño de Lucas (CD y Cass.)
- El Gran Engaño
- La Tía Ruperta (CD y Cass.)

MENSAJES
- ¿Qué sucede después de la Muerte?
(2 DVD's /2 CD)
- La Bendición de Vivir Bajo Autoridad
(4 cass./4 DVD's/2 VHS))
- La Verdadera Aventura
(4 CD's y 4 cass.)
- Conectando con mis hijos
(2 cass./2 CD's)
- Liderazgo en tiempo de Crisis
(4 CD's / 4 Cass)

AUDIO CASETES Y CD's DE MUSICA
- Se escucha la lluvia
- Unidos por la Cruz
- Hombres Valientes
- Clamemos a Jesús
- Generación sin Frontera
- Ven y llena esta Casa
- Esclavo por amor

PARA PEDIDOS VER CONTRAPORTADA REV. Z